声を鍛える

話しの説得力を劇的に高める声まねトレーニング

渡辺知明 著

芸術新聞社

はじめに

たったひと言、ことばを口にしただけで、人の心を引きつけてしまう人がいます。それは、何によるのでしょうか。言葉そのものの魅力だと思うかもしれません。何かすばらしい言葉を使ったのだと思いますか。いいえ、そうではありません。

それでは、何の力でしょうか。それは声の力なのです。人は、ことばを聴くよりも先に、その人の声を聴いています。その声によって話しの聴き方もちがってくるのです。ことばに力を与えるものは声なのです。

あなたもそんな声がほしいと思いませんか。どんな声に人を引きつける力があるのかわかれば、それを目標にして自分の声を鍛えることができます。そして、どんな方法で鍛えたらよいのかも考えられます。生きたコトバの4原則というものがあります。
①正しく、②わかりやすく、③切れ味よく、④ふさわしく
発声について言うなら「正しさ、わかりやすさ、切れ味よさ、ふさわしさ」ということになります（7ページ表参照）。

声を鍛えるとは？

だれでも特別の事情がないかぎり声が出ます。しかし、自分の思い通りの声はなかなか出せません。声が小さいとか、声に力がないとか、それだけで、もう話しをする勇気がなくなってしまうものです。ご安心ください。声に自信のある人はそう多くありません。

ところが、世間には力強い声で堂々と自信をもって話せる人がいます。その人の声をちょっと聞いただけでハッと引きつけられてしまいます。テレビショッピングの宣伝をするベテランです。その魅力はどこにあるのでしょうか。

それは鍛えられた声の魅力です。その人は、「ぜひこの品物を買ってもらいたいという強い思いが声になるのだ」と語っています。力強い声は思いの強さも表現しているのです。声というものは、心とからだとが一体になった動きの結果なのです。

声はからだ全体を使って生まれます。ただ口先から出るものではありません。心とからだと一体になって声を出すことで、心の内にある思いが表現されるのです。ですから、声を鍛えることは声だけの訓練にとどまりません。言葉を声にすることによって心も鍛えられるのです。

どのように鍛えるか？

「発声法」について書かれた本はたくさんありますが、その多くが、からだの構造や発声の原理の解説です。発声のやり方も、歌を歌うためのものか、演劇の練習のためのものです。だれにも共通する「発声法」と言うと「呼吸法」になってしまいます。

この本では、だれにとっても必要な発声法を考えました。そして、その発声を身につけるための方法を工夫しました。それが声まねによるトレーニングです。私は20年以上、文学作品を声で表現するための実践と指導をしてきました。そのなかで工夫してきた発声法がこの声まねの方法なのです。

この本ではからだの構造や発声の原理の解説は最小限にとどめました。発声の理屈など知らなくても、とにかく簡単な課題を実践するだけで声が鍛えられます。しかも、声を出す楽しみを味わいながら訓練できるのです。

第1部は基本編です。発声法の基本について実践を交えて解説しました。発声の見本は付録のCDで聴くことができます。第2部は、応用編としていろいろな課題を取りあげています。CDの見本を聴きながらやってみてください。どの課題からはじめてもかまいません。いきなり応用編からはじめてもいいのです。うまくいかないときには、基本編にもどって課題をやってみましょう。

また、コラムには発声にとって重要なヒントが書かれています。Q&Aには、あなたが疑問に思うことへの答えが書かれているかもしれません。そして、ところどころにある図表には発声についての知識がまとめられています。

この本は、一度読んで終わりにする本ではありません。トレーニングを実践して、いろいろな読み方をして、声の出る限り長く愛読していただけるように書きました。あとは、あなたの日々の実践あるのみです。

最後にことばの訓練のためのスローガンをあげておきます。

・実行が実力を生む
・ことばの力は生きる力
・声は一生磨き続けるもの

どんな効果が得られるか？

この本のトレーニングから得られる成果を15項目あげておきます。どれも私自身の実践経験から自信をもって言えることです。

・声を出すのが苦にならない。
・息切れしないで声が出せる。
・自信を持って声が出せる。
・声だけで感情が表現できる。
・長時間声を出しても疲れない。
・その場に応じた声が出せる。
・あいさつのひと声で人を引き付ける。
・声がふるえずに話しができる。
・落ち着いた声で話しができる。
・声に変化をつけて話せる。
・メリハリのある話しができる。
・説得力のある話しができる。
・話しをしながら考えられる。
・話しの中身が分かる声になる。
・人の声から感情がよみとれる。

コトバの4原則と発声のポイント

原則	目標	内容
①正しく	自然で合理的でムリのない声	正しい姿勢、からだも楽でのども枯れない、口元を引きしめる、上体をゆるめる、口もとの引きしめによって肩から腰まで動きが連動する
②わかりやすく	自らの声を意識しつつ聞き手の理解し易さを目指す声	①自分が聞いて音を区別できる発声（ダレニ、ナニガ）を基本として、②相手にその声がどう聞こえるのか意識する
③切れ味よく	強弱・高低・声質の変化ある声	リズムと強弱イントネーション、アクセントとプロミネンス、声の切り換え（①強弱、②ウラ声と地声、③鼻声と口声）による多彩さ
④ふさわしく	トキ（時間）・トコロ（空間）・情況（空気）に応じた声	声の環境、場（広い、せまい）、対人関係（一人、数人、大ぜい）、明るい声・暗い声、悲喜、哀楽、声の表現による距離感（ここ、そこ、あそこ）

コラム

表

基本編

01 声の力から自信が生まれる
――声を鍛える目標とは？

私たちは毎日、人と向き合って暮らしています。人との付き合いでは、ことばのやりとりは欠かせません。まず、話すこと、聞くことです。話すためには声を出さなくてはなりません。「声は人なり」と言いたいほど、声はその人をあらわすものです。

人が話している声を聞くと、その人の心理や性格までおよそわかるものです。自信のある人、誠実な人、信頼できる人という判断は、まず声によってもたらされます。なかには、ひと声で人の心をつかんでしまう人がいます。そんな人の声には魅力があります。それは人としての魅力にもつながります。

声は鍛えられる

どうしたら、そんな声が出せるようになるのでしょうか。答えは簡単です。声を鍛えたらいいのです。では、どのような声を目指したらよいのでしょうか。私たちの日常生活に必要なのは、話をするための発声です。歌を歌うように母音を長く伸ばして息を吐くのではなく、ことばを短く区切りながら息をついでいくのです。ところが、社会人になってから始める発声のトレーニングというと、たいてい歌を歌うためのものです。話しをするためには、目的に応じた独自の訓練が必要なのです。

今、学校教育では声の表現が軽視されています。文字に書かれた言葉を記憶する勉強です。だから、社会に出ていざ話しをしようとすると、なかなか口からことばが出ません。また、人の話しを声から聞き取る力も弱くなっています。ただことばを口にすればいいのではありません。ときには、話し方について、「なんだ。その言い方は！」と叱られることになります。その人は、言葉づらではなく、あなたの声の表現を批判しているのです。

声の力と強さ

それでは、どんな声を目標にして声を鍛えたらよいのでしょうか。最も重要な声の特質は何でしょうか。声の質は5種類あります。①大小、②高低、③長短、④軽重、⑤強弱、です（17ページ表参照）。

このなかで最も重要なものは何でしょうか。それは声の強さです。声の大きさではありません。①大小、②高低、③長短は、物理的な特徴です。それに対して、④軽重、⑤強弱は声の表現です。人を引きつける声とは物理的なものではありません。表現にまで高まった声のことです。その人の魅力を表現する声です。声の力がその基本となるのです。それを「声力（こえぢから）」と呼びます。

ただし、「強い声」は「大きい声」とはちがいます。「なんだ、てめえ」と人にケンカを売るのに、大きいだけで力のない声もあります。反対に、小さい声で「何ですか」と言っても力のある声もあります。また、「高くて弱い声」も「高くて強い声」もあります。

強い声は、からだの力と心の力との一体化から生まれます。声を出すことは、からだと心を結びつけた表現です。しかも、声はことばの一部ですから、声・ことば・心・からだとの四者の関係が成立します（18ページ図参照）。心を鍛えるために、「自信を持て」とか「勇気を出せ」などと言われても、どうしていいのかわかりません。しかし、からだと声は自分の意思で自由になります。ですから、声を鍛えることによって心まで鍛えられるのです。

歌の発声と話しの発声の比較

声質	歌	話し
①大小	歌う場所はかなり限定される、場所に応じて声の大きさが変わる、ナマの発声とマイクを使う発声のちがい	時(time)・場所(place)・場合(occasion)、その場にふさわしい声の大きさ、話し相手の人数と距離と空間による
②高低	声の高い低いは曲のメロディーにしたがう、楽譜で音程が指定される、曲から外れた高低はつけられない	語句のアクセントの高低はほぼ定まっているが、語句のつながりによってイントネーションやプロミネンスが変化する。
③長短	声の長い短いは楽曲によって決められている、楽譜にしたがうが長さ・短かさの微妙な調整は可能である	話しの性質によってテンポが変わる、話しの部分ごとに変化がある、間も話しの性質やテンポによって変化する
④軽重	軽い・重いは声に表現された印象である、歌い手あるいは話し手が聞き手と交流する態度から生じる、「軽さ」とは「重さ」をはなれた心の軽やかさ、爽やかさの表現、「重さ」とは、心の落ち着き、荘重な態度の表現である	
⑤強弱	強い・弱いは声に表現された印象である、歌い手あるいは話し手が表現するべき思いの強弱である、「強さ」は思いの強さの表現であるが、「弱さ」は思いの弱さだけではなく強さとの対比で繊細な思いを表現することができる	

声による自己確認

人間は何のために声を出すのでしょうか。「声はコミュニケーションの道具だ」と言われます。しかし、もともとは自分のためのものでした。自分の思いや考えを確認するために声を発したのです。「何でもいいから大きい声を出してみろ」と言われても声が出しにくいのは当たり前です。言いたいことがなければ声は出せません。

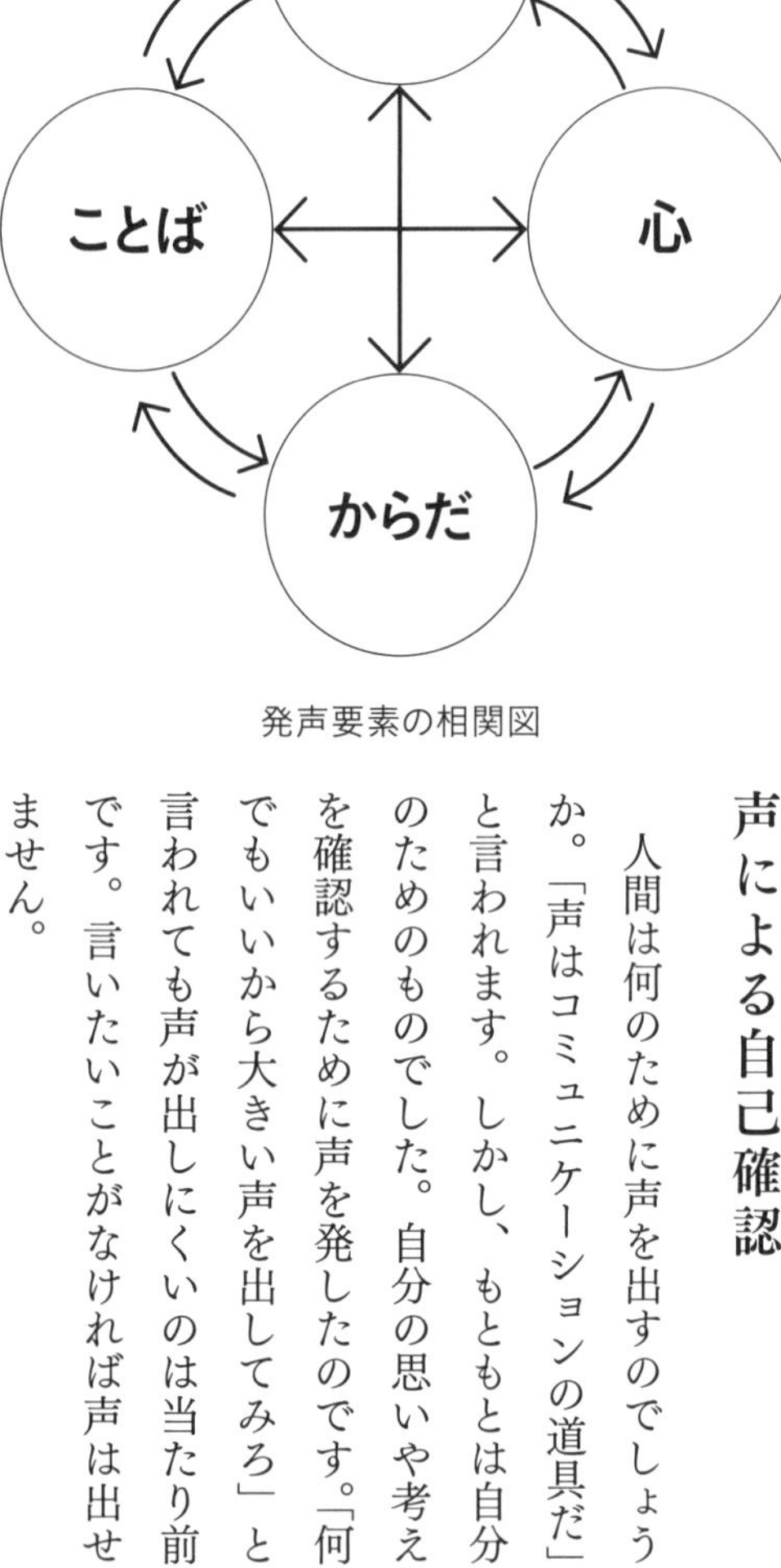

発声要素の相関図

声は自己表現です。人に何か話したい、人に何か伝えたいから、声で表現して伝えるのです。それが根本です。声まねをするとき、動物の声や物の音をまねながら、私たちは自分の声と向き合うことになります。声を出すのが楽しい、声を出すのがおもしろいと感じるのは、自分の意識と向き合える楽しさなのです。

コラム①

声と音と音のちがい

声は「音」です。「音」は空気の振動です。自然の音、人工の音などいろいろあるなかで「声」は生き物の発する音です。とくに鳥や動物や人間のものが「声」なのです。「風の声」などというのは比喩です。

「声」は「息」から生じます。「生き物」の「生き」は「息」に通じます。鳥でも動物でもそうです。昆虫の鳴き声は息ではありません。羽などを擦り合わせて出しています。

人間は、「息」で声帯を振動させて「声」を出します。人の声をことばとして聞くときには、音として聴きます。言語には4つの要素（①音韻、②語彙、③文法、④文字）があります。音とは言語の要素である「音韻」のことです。

人はいろいろな声を出しますが、人の声がすべて音になるわけではありません。「キャー」という叫び声は音です。「むかし、むかし、あるところに」などと本を読むときの声は音です。

話しをするとき、それぞれの人は、日本語の音韻を基準にして発音をします。発音する声が音として区別できるように自分なりに調整しています。

ある人の「アイウエオ」と別の人の「アイウエオ」には微妙な差があります。しかし、その人にとってそれぞれの音の差は相対的なものです。だから、訛りのある人の「アイウエオ」でも、音を区別して聴き取れるのです。

あなたの声は音として区別できますか。

02 声まねの意義と効果
——声まねから学ぶもの

「声まね」とは、声でいろいろな音をまねることです。声まねをすることによって、声を鍛えるとともに声の表現力が身につけられます。それはなぜでしょうか。そもそも、人間がなぜ声を出すのかということに関係しています。

人間も最初は動物と同じように、うめき声や叫び声を出しました。それは自分のからだの状態や意識を直接に表わすものでした。ところが、いつか表現の声を持つようになりました。野生の動物を絵に描くのと同じように、外界の音を声でまねたのです。

声まねは人間の原点

人間の声は自然の進化から生まれました。今、わたしたちは普通にことばを話しています。しかし、ことば以前に声として自然の音の声まねがありました。自然の音は豊かなものです。それが手本になって人間の声の表現の豊かさも生まれたのです。

音は空気の動きです。自然の世界には、どんな音があるでしょうか。風の音、波の音、鳥の声、動物の声などいろいろあります。そのなかでまねしやすいのは風の音や動物の声でしょう。どちらも人間の声と同じ空気の流れだからです。人間は風の音を「ヒューヒュー」と表現したり、イヌの声を「ワン、ワン」とまねたことでしょう。

これから、そのような音をまねてトレーニングをしましょう。自然の音をまねることは、人間の発声の原点に帰ることです。そこは、人間が声の技術の手本にしたさまざまな音の宝庫です。それを学ぶことによって、私たちは、人間が声を獲得してきたことの意味を、まさに身をもって感じることができるのです。

イメージとしての声まね

発声の指導法はいろいろあります。いろいろなことばで指導されています。それは実践のイメージをつかむためのものです。「腹から声を出せ」「腰まで息を吸い込め」「腰で呼吸しろ」「足裏から息を吸い上げる」などいろいろです。

たしかに、いずれも発声の一面を言い当てています。しかし、あくまでも言葉によるものですから抽象的で断片的になります。それができるかどうか、できたかどうか、確かめるのは指導者です。しかし、学びの基本は独学です。自分が納得しなければなりません。

発声は身につけるものです。頭で理解すればできるというものではありません。からだで覚えるものです。何を基準にして声を出したらいいのでしょうか。自分で自分の発声を確認できるものが必要です。そこで、声まねが有効なのです。まねるべき声のイメージが発声の目標です。まねるべき声を聴いてまねをして、それが似ているかどうか自ら確認できるのです。

声まねで心を磨く

「まねる」というのは学習の原点です。人は人から学ぶものです。それで「まねぶ」と言うのです。弟子が師匠から学ぶのは、手取り足取りというものでなく、「盗む」ものだといわれます。「人の振り見て我が振り直せ」ということわざも、まねることの意味を言い当てています。

手本とするものにはいいもののすべての要素が詰まっています。いいものの全体を丸ごと学べる可能性があるのです。ただし、まねのできる要素は、まねをする者がまねやすいところにかぎられます。最も重要なものが目立たないところ、基礎となる奥底にかくれていることもあります。それにはくれぐれも注意しましょう。

人はことばを口にするときには、人びとに共通することばが言えると安心してしまいます。しかし、声まねならば、そんな危険はありません。声そのものの表現について、似ているか似ていないか聞き取ることができるからです。

声を出すためには、動機が必要です。声をまねることは、十分な動機になります。しかも、おもしろいことに、声まねによって、心とからだによる疑似体験ができます。声まねは心の表現になります。声と心は一体のものです。声を出すことで心が動くのです。心を動かすきっかけを声がつくるのです。

人の心や感情はたいてい「言葉」によって、「私は悲しい」とか「私はうれしい」とか語られます。「言葉」ならば、嘘が言えますが、声のことばとなるとごまかしがききません。声と心とは一体のものです。声がからだと心の反応の証明になるのです。

03 発声のための姿勢
——腰かけた姿勢と立った姿勢

発声の姿勢はおもに2つ、腰かけた姿勢と立った姿勢です。腰かけた姿勢では、お尻でイスの座面を踏みつけるイメージ、立った姿勢では、片足で床を踏みつけるイメージです。

1 腰かけた姿勢

上体の重さをゆっくりお尻に預けると後ろ腰の受け止めに力が入って強い声が出ます。

(1) 腰かけ方

①イスの座面の前三分の一に、お尻の縁が座面の角にかかるくらいに浅く腰かけます。
②膝先を少し開いて、足先を手前に引くと、かかとが少し持ち上がります。かかとの位置は、頭の天辺からからだの中心線に垂直に下ろした線とお尻の中心線にそろえます。
③体重の90%がお尻、10%が両足先の母指球のあたりに左右均等にかかります。

(2) 上体のかまえ

①一度、両肩の力を抜いて上体をゆるめます。それから、後ろ腰を垂直に立てると、上体が押し上がります。

②わざわざ息を吸い込まなくても、発声に必要なだけの息が自然に入ります。

(3) 上体の落し込み

①息を止めた状態から上体を落とし込んでいきます。口先を細くとがらしてほんの少し「フッ」と息を吐きます。

②後ろ腰が倒れきったところで、口を閉じて呼吸を止めます。すると、腰のまわりがふくらんで「保息」の状態になります。背中はやや丸まります。

(4) 発声のしかた

①腰まわりの力をゆるめずに「オー」と長く伸ばして発声します。「保息」の状態が保たれているなら、長い時間声を出し続けることができます。

②声を止めるときには後ろ腰をぱっと立ち上げます。すると、再び上体が押し上がって、

次の発声のために必要な息が自然に入ります。

2　立った姿勢

最大の力が入る瞬間に体重を利き足へ移して床を踏みつけると声が強くなります。

(1)　立ち方

①両足を肩幅くらいに開いて立ちます。左右の足先をやや開き、4分の1ほど前後にずらします。利き足が後ろ、軸足は前です。

②「七三のかまえ」にします。利き足の足先に体重の70％、軸足の足先に体重の30％を乗せます。体重を乗せるのは足の母指球のあたりです。

③両膝とも突っ張らずにゆるめて、上体を落とし込んだときのクッションにします。

(2)　上体のかまえ方

①後ろ腰を立てると、上体が押し上げられます。そこで、口元を引きながらあごを引いて顔を正面に向けます。

②上体をゆるめると背中が少し丸まって腰のうえに乗って安定します。両腕を内側に向けて腹の前で組むと肩の力が抜けます。

(3) 発声のしかた

①発声の前に、一度、後ろ腰を立てて上体を押し上げ、口をむすんで呼吸を止めます。
②持ち上がった上体をゆっくり落とし込みながら「オー」と長く伸ばして発声します。
③発声の終わりに全体重を利き足に乗せて床を踏みつけます。その瞬間、「オーッ」という強い声に変わります。

(4) 息つぎのしかた

①後ろ腰を立てて上体を押し上げます。そこで、必要な息が自然に入ってきます。
②最初の「七三のかまえ」にもどります。

＊

腰かけた姿勢でも立った姿勢でも、強い声を出す原理は同じです。ゆるめた上体の重さを、地球の重力を生かして、タイミングよくお尻か足先に乗せるのです。

腰かけた姿勢

①イスには浅く腰かける。お尻が座面の角にあたるくらいになる。
②両肩と背中をゆるめて後ろ腰を立てた上に乗せる。
③膝先はやや開いて足を手前に引き寄せる。
④かかとは上げたままにしておき、上体が上下、左右に自由に
動けるようにかまえる。

立った姿勢

①足は肩幅ほど開いて前後にずらす。前が軸足、後ろが利き足とする。
②体重は足先の母指球のあたりにかける。前の軸足に30%、後ろの利き足に70%の割合とする。
③後ろ腰を立てて両肩と背中をゆるめた上体を乗せる。
④両膝はゆるめて、踏み込むときのクッションにする。前後、左右と、上下の動きができるようにかまえる。

04 発声の基本要素
——①息・②のど・③舌・④口・⑤空気

声はどのようにして出るのか、そして、その声がどのように伝わるのか。いろいろな要素がかかわっています。発声の基本となるからだのはたらきを確認しましょう。

発声の5つの要素

発声の基本要素は次の5つです。この5つが声を鍛える目標です（45ページ表参照）。

①息、②のど、③舌、④口、⑤空気

それぞれの項目について簡単に解説をしておきます。

①息——息は発声の根本です。息が出なければ声にはなりません。息は肺から出ます。息には2種類あります。ふつうに呼吸するときの息と、声として出すときの息です。

②のど——声帯と声帯周辺の筋肉をまとめて「のど」と呼びます。息が声帯を振動させ

ると有声音の「喉頭原音」になります。音として調整されていない声です。声帯を振動させない音が無声音です。声帯は、のどのふちで細い筋肉のひだが寄り合ったもので、長さはおとなで約2センチメートル、幅は数ミリメートルくらいです。

③舌――舌は、歯や口といっしょに音を調整する役割をはたします。破裂音は、舌をはじいて発音されます。カ行、タ行、バ行など使用頻度の高いものです。とくに、ラ行の弾音では舌が活躍します。声を出すきっかけとして使われます。

④口――声の出口です。口を開いたり閉じたり、口のかたちを変えたりして、共鳴の空間をつくります。口のかたちや容積によって声の響きがいろいろ変化します。口のかまえは発声に影響します。

⑤空気――「空気」には二つの意味があります。一つは物理的な空気の振動です。音は空気を振動させて出ます。もう一つは、いわゆる「空気」です。その場の人間関係から生じる心理的な環境です。力のある声は、人間の心理や感情に影響します。まさに、「空気」を変えるのです。

発声のながれ

声がどのようにして出てくるか、発声の流れをたどってみましょう。発声に関わりの深いのは、①息、②のど、④口、の3要素です。ただし、発声練習のきっかけづくりに、③舌のはたらきを借りることがあります。

肺から出た「①息」は、気管を通って上にあがって行きます。そして、「②のど」の奥にある声帯を振動させて喉頭原音になります。その声は、「③舌」によって音(おん)に調整されてから外に出ます。声の多くは口腔(こうこう)を通って「④口」から出ますが、一部は鼻腔(びこう)を共鳴させてから外へ出ます。そうして外に出た声が、周辺の「⑤空気」を振動させることによって聞き手の耳に届きます。

この過程のすべてに、いろいろなからだの動きが参加します。息を使って声を出すために、ゆるめた上体が落とし込まれます。声帯の振動を調整するために、のどの周辺の筋肉がはたらきます。舌の動きが、声を調整したり、息を吐くときの助けになります。口もとの引きしめと連動して後ろ腰が倒れ込みます。そうして口から出た声が、前方の空気を振動させて聞き手の耳に声として聴こえるのです。

声の訓練と心の訓練

声は人の心の表現です。私たちは毎日、「こんにちは」「ありがとう」「さようなら」などの言葉を交わしています。声を発する人も声を受ける人も、声を通じてお互いの感情や心情を伝え合っています。これを一つ一つの音に分けたらどうでしょうか。「ありがとう」を「あ、り、が、と、う」とばらばらにしたら、ことばの意味はなくなってしまいます。しかし、その一音一音に話し手の感情をこめることはできます。

あらゆる声には「心」がつきものです。一つ一つの音にも「心」が含まれます。声によって心のありようがわかるのです。「心ないことば」という言い方がありますが、それは心がないわけではありません。「心ない心」という心があるのです。

声を鍛えることは、ただ声を出すだけのことではありません。声と心との結びつきをつくることです。声によって自らの心のありようがわかれば、声を磨くことによって、心も磨けるようになります。声と心が結びついた声こそ、人を引きつける声なのです。それが声の力です。声を鍛えることは自らの精神を鍛えることにつながるのです。

05 息声の発声

――プーッ、シーッ、ハーッ

声の第一の要素は「息」です。強い声を出すためには強い息が必要です。発声には息を使うので呼吸と息とを同じものだと考える人もいます。また、「発声」というと決まり文句のように「腹式呼吸」と言われます。しかし、正しくは「腹式発声」というべきです。「呼吸」と「発声」とはちがうものです。呼吸の場合は、吐く息としての「呼息」と、吸う息の「吸息」です。それに対して、発声のための息は、一気に吐き出さずに、後ろ腰で息を停止させたままなので、「保息」あるいは「密息」と呼ばれます。

もともと息は呼吸のためのものでしたが、のちに声を出すためにも息を使うようになりました。人間が喜び、怒り、哀しみ、楽しさなどの感情を感じるときには息が止まるものです。いわば感情とは人間にとって精神の緊張です。それを自らたしかめたり、味わったりするために声を出します。声を出すことによってストレス解消もできるのです。

つまり、発声にはふつうの呼吸とはちがったムリがあるのです。ひと言で言うなら、呼吸を停止した状態から声を絞り出すことなのです。そうなると、声の訓練は呼吸の訓練とはちがったやり方になります。腹式呼吸の訓練では発声にはなりません。呼吸の訓練の息は発声とはつながりません。また、感情の表現ともつながりません。発声の訓練をするためには、最初から声によって息を吐くべきなのです。

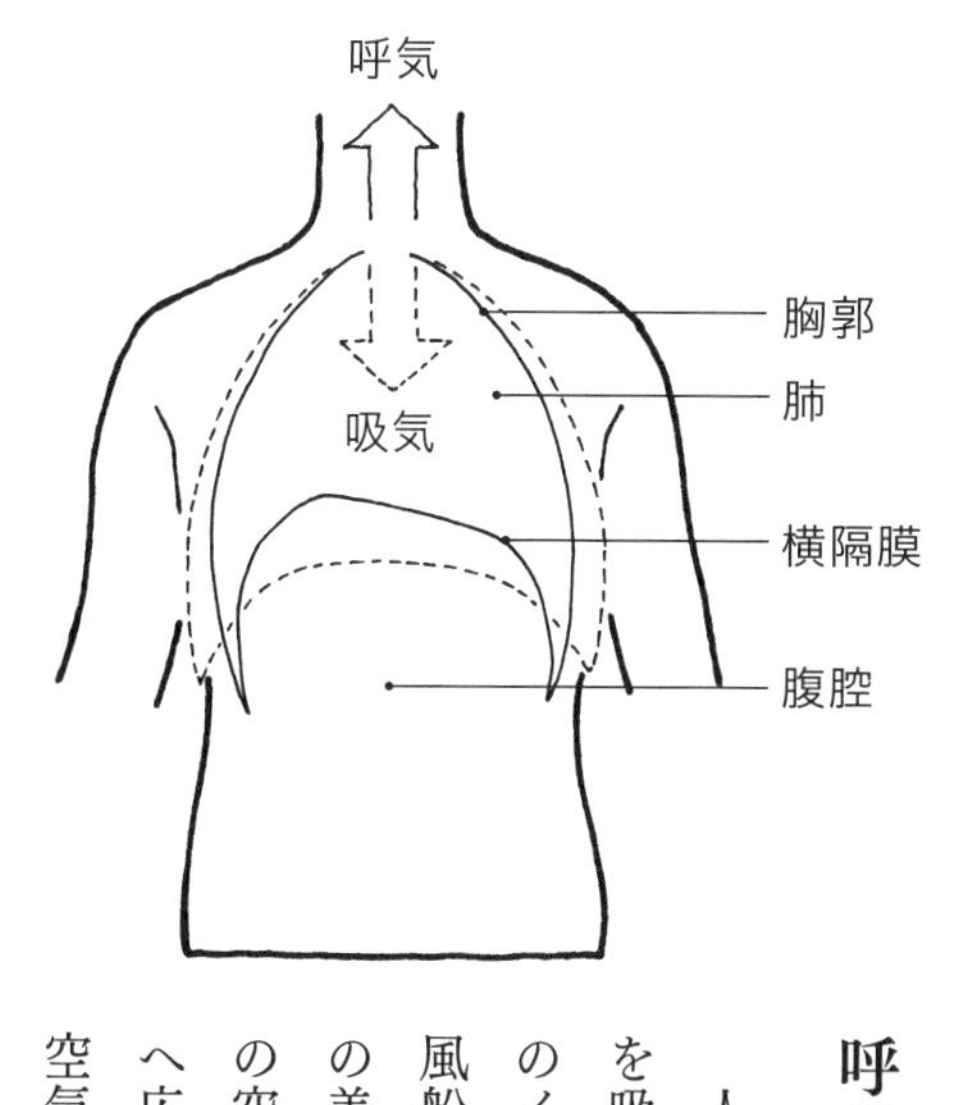

呼吸の原理と発声法

人間の呼吸は肺呼吸です。呼吸とは、肺に息を吸い込んで肺から息を吐き出すことです。肺のイメージは、体壁の内部にぶら下がったゴム風船です（上図参照）。肺の内部と周囲との気圧の差によって空気が出入りします。口は肺の上の空気の出入り口です。肺の周囲の体壁を外側へ広げると、肺の内側の気圧が下がって口から空気が入ります。その反対に、肺の周囲の体壁を狭めると、肺の内側の圧力が上がって口から空気が出ていきます。

呼吸法には2つあります。胸式呼吸（胸郭式呼吸）と腹式呼吸（横隔膜式呼吸）です。2つのちがいは、肺の周囲の膨らませ方のちがいです。肺の周囲の上部の胸郭を使うのが胸式呼吸、下部の横隔膜を使うのが腹式呼吸です。胸式呼吸では、両手を上にあげたり両肩を持ち上げると胸郭が広がって肺の気圧が下がって息が入ります。反対に、両手を下げたり両肩を下げると息が出ていきます。

「腹式呼吸」では、下腹の内側の筋肉の力で横隔膜を下に引き下げます。それで肺の気圧が下がって息が入ります。息を吐くときには下腹の筋肉の力を保ちながら吐き方を調整します。ただし、「腹式発声」では、息を吐くのではなく、声を出すのです。ここで呼吸を停止させて、「保息」の状態から声を絞り出すわけです。

息声の発声のしかた track 1

強い声を出すために「息声（いきごえ）」の訓練をしましょう。声帯の振動しない無声音ですが息ではありません。声を出すつもりで発声してください。

声はからだを動かして出すものです。そのエネルギーはどこからくるのでしょうか。地球の重力からの反作用として生まれます。無理をしないで自然に声を出すためには、からだの重さから生まれる重力を利用するとよいのです。

立った姿勢ならば、片足立ちによる床の踏みつけで声のエネルギーが確かめられます。両足の指の付け根のふくらみに体重を乗せて立ちます。それから、片足に体重を乗せて床を踏みつけた瞬間、「ワッ」と発声します。タイミングよく片足の先にすべての体重を乗せ切ると強い声が出ます。その声が重力の反作用です。

腰かけた姿勢では、「胸郭の固定」によって声のエネルギーが発揮されます。息を止めて肺の息を逃がさない状態にするのが胸郭の固定です。

わかりやすい解説を引用しておきましょう。

「声帯を閉じて肺の息が逃げないようにし、胸郭の筋肉を強く緊張させることです。全身で強い力を出すときなどに有効であり、自然におこなっていることでもあります。」

「例えば、スポーツ選手によく見られるシーンで、テニスの選手が球を打ち返す瞬間や重量上げの選手がバーベルを持ち上げる瞬間に、「ハッ」とか「フッ」「サァー」、「タァー」などと声を上げることがあります。このとき瞬間的に「グッ」と息を止めています。」(角田晃一著『今日からできる声帯トレーニング』2015メディカルトリビューン)

コラム②
重力と声のエネルギー
――床の踏みつけと胸郭の固定

①プーッ

口先を尖らして唇の先から強く吹き出す息です。力のある息です。たとえば、ろうそくの火を吹き消したり、吹き矢を飛ばすような息です。ろうそくの火を吹き消すときには、近くに向けて強く短くこまぎれに出します。それに対して、吹き矢を飛ばすときには、一息に全力をこめて吹きます。

息声の訓練は3つです。3つとも出だしの音が口のなかで抵抗を受けます。「プ」は閉じた唇をはじいて出す破裂音です。「シ」と「ハ」はどちらも摩擦音ですが、「シ」は舌と歯のあいだの摩擦、「ハ」は口の開きが大きい分だけ摩擦を作りにくい音です。

①プーッ　②シーッ　③ハーッ

もう一つ、それぞれ短く区切って3回息を強く吐く練習です。

①プッ、プッ、プッ　②シッ、シッ、シッ

③ハッ、ハッ、ハッ

②シーッ

「シーッ」は歯の隙間を通って出る音(おん)です。唇に指を当てて、「静かにしろ」というときの「シーッ」です。口もとの両脇を引き締めて上体の落し込みのリズムに合わせて発声します。「白い」「シルバー」を連想させる冷たい息が出ます。

③ハーッ

「ハーッ」はあたたかい息です。口を丸く大きく広げて息を吐くと、太く大きな息が出ます。手のひらにあたたかい息を吐きつける音(おん)です。しかし、口もとに抵抗がないので、出しにくい息です。後ろ腰がしっかり沈み込んでいると、ゆっくり、長く、あたたかい息をたっぷり出せます。「赤い」「あかるい」などのことばと心がつながる息の吐き方です。

06 地声とウラ声の発声
——低い声から高い声まで

声には地声とウラ声とがあります。わたしたちは日ごろ、ほとんど意識せずに地声とウラ声の両方を使っています。ふつうは低めの地声ですが、感情が高まると声も高くなってウラ返ります。地声は知的で冷静な感じ、ウラ声は感情的であたたかい感じですが、感情のあるあたたかい地声も、知的で冷たいウラ声もあります。

なぜウラ声を使うのか？

地声とウラ声を混ぜる割合で声の印象が変わります。一般の人は地声とウラ声を交えて話します。ほとんど地声で話すのはアナウンサーやナレーターです。地声が多い話し方は落ち着いて聞けます。反対に、ウラ声の多い話し方は心が落ち着かなくなります。表現力のある話し方をする人は、地声とウラ声とを必要に応じて使い分けています。

女性はごく普通にウラ声が使えますが、男性のなかには地声だけで、ウラ声が出せない人がいます。「男にウラ声なんかいるものか」と思うかもしれませんが、自分の感情を豊かに表現するためにはウラ声は欠かせないものです。とくに、強くて安定したウラ声が出ると感情を表現する力が高まります。

近ごろ、若い人たちの歌にはウラ声の高い声が使われています。しかし、力のあるウラ声で歌える人はなかなかいません。たいてい、か細くてか弱いウラ声です。そもそも地声で力のある声が出ないのですから、ウラ声が出ないのは当然です。

地声とウラ声のコツ

力のある声を訓練するためには、ウラ声の発声が役に立ちます。歌の発声練習でもよく使われています。とくに高音の発声指導でウラ声を使います。地声では1オクターブくらいの音域ですが、ウラ声ならば3オクターブくらいまでの高い声が出せます。じつは、だれでも2オクターブ以上の声を出すときには、地声とウラ声とをつないでいるのです。これがいわゆる「ミックスボイス」というものです。

ウラ声を出すにはコツがいります。声帯周辺の筋肉が声帯を調整します。直接には調整できませんが、顔つきを変化させることで声帯の筋肉を操作できます。地声の発声では、奥歯を軽く噛み合わせて、口もとを横に引き締めて、目を伏せた顔つきをします。ウラ声の発声では、口を少し開いて、眉をあげて目を大きく開き、視線を上向きにします。

地声とウラ声の発声

track 2

(1) 地声の発声

◉「ウー、ムー、ブー」

地声の練習は、口を閉じて鼻声でハミングすることから始めます。

①奥歯を噛み合わせて口もとを横に引き結んで、笑くぼの出る口もとにします。

②両肩の力を抜いてから、いったん後ろ腰を垂直に立てます。それから、口を結んだまま「ウー」と低めの声を出しながら、イスの座面をお尻で踏みつけます。息が鼻を通り抜けて鼻声の地声が出ます。

③さらに、お尻の踏みつけの強さを3段階に変えて発声します。声が共鳴する位置のイ

メージが段階ごとに変わります。「ウー」は目のあたりで響く高い声、「ムー」は鼻のあたりで響く中くらいの声、「ブー」はのどのあたりで響く低い声です。

(2) ウラ声の発声

◉「アー、アー、アー」

ウラ声の練習は口声の発声で行います。口のかまえは地声と同じですが、薄く口を開いて発声します。

①奥歯を噛み合わせて口もとを横に引き結んで、笑くぼの出る口もとにします。

②口もとをゆるめずに口を薄く開いて、「ア」の口で「アー」とウラ声を出します。カラスの鳴き声のような高い声です。

(3) 地声とウラ声との切り換え

◉「ウー……、アー……」

◉「アー……、ウー……」

こんどは、地声からウラ声へ、ウラ声から地声へと切り換える発声です。

①口を閉じて地声の「ウー」を出している途中で、一気に口を開いて「ア」の声に変えます。

②すると、地声の「ウー」がウラ声の「アー」に変わります。

③今度はウラ声から地声の切り換えです。口を薄く開いてウラ声の「アー」を出しているときに、一気に口を閉じて地声の「ウー」と入れ替えます。

＊

地声とウラ声と、どちらでも強い声が出るように鍛えましょう。からだ全体をうまく使うと、強い声が出ます。口もとのかまえ、顔の表情の生かし方、上体のゆるめ方、お尻での座面の踏みつけまで、からだの各部分が連動しています。

とくに重要なのは、上体の重さを利用して重力のエネルギーを声のエネルギーに転換させることです。

声の出口は2つです。一つは口、もう一つは鼻です。出口のちがいによって「口声(くちごえ)」と「鼻声(はなごえ)」とに分けられます。通常はこの両方の混じった声を使っています。

声の要素と声質の比較基準

機能	名称	特質	比較の基準
①息	声力（発声力）	「腹力」全12段による段数、9段以上が「ネコのど声」、短く速い気合	上体の沈み込み、3段目＝軽い声、6段目＝普通、9段目＝ネコのど声
②のど	地声とウラ声	声帯のウラ声と地声の切り替え、低い声は地声、高い声はウラ声が出しやすい	地声とウラ声との切り替わり・使い分けの割合はどのくらいか
③舌	――	（補助的な役割）	（発音への影響など）
④口	鼻声と口声	近くへ向けた口声、遠くへ向けた鼻声、相撲の呼び出しと行司のちがい	鼻声と口声との混じり具合による声の響き
⑤空気	――	（物理的・心理的）	（環境への適応など）

注意点
・声質を、①②④の3要素から評価する。順序は発声要素の重要度順。
・声の物理的な特性である「大小、高低、発音、アクセント」からは区別する。
・「③舌」の動きは補助的に発声に関わる。「⑤空気」は発声の環境の問題。

07 口声と鼻声の発声
——声のやわらかさをつくる

口声と鼻声とのちがい

鼻腔を通して出す声が鼻声、鼻を通さずに口腔から出す声が口声です。この二つの出口のいずれから、どの程度、息が出るかによって、声の質が変わります。ふつうはどちらの声とも意識せずに、両方が混じった中間の声を出しています（47ページ図参照）。

口声と鼻声の代表は、相撲の呼び出しと行司の声のちがいです。呼び出しは「ひがーしー、○○やーまー、にーしー、○○のかーわー」と声を伸ばします。伸びた母音は鼻声です。古典芸能でも鼻声をよく使います。遠くまで響くので、物売りの「きんぎょーえー、きんぎょー」「さーおだけー、さーおだけー」なども鼻声です。

それに対して、行司が「ハッケヨイ、ノコッタ、ノコッタ」というかけ声が口声です。固くて切れのいいのが特徴です。ただし、通鼻音（つうびおん）の音（おん）——ナ行、マ行、ニャ行、ン、そして、ガ行の鼻濁音は口声では出せません。

口声と鼻声との使い方で声の印象が変わります。口声ばかりで話す人は、元気であけっぴろげで力強い感じがあります。それに対して、鼻声で語る人は、穏やかでおしとやかで落ち着いた感じがあります。どちらがいいというわけではありません。その場に応じて声の質を変化させればいいのです。

鼻声はやわらかい感じがあります。相手の気持ちをやわらげるには、鼻に響かせた声を使います。アナウンサーでも、戦前から昭和30年代ころは鼻に響かせる声でした。しかし、近ごろは少なくなりました。ほとんどが硬い話しぶりになっています。

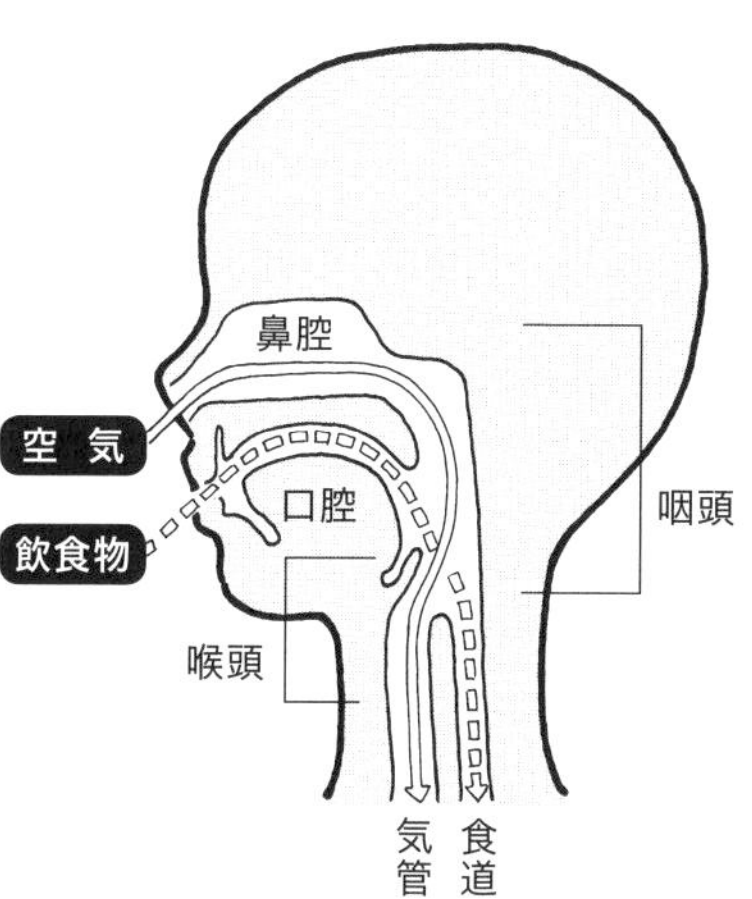

口声と鼻声の発声 track 3

口声は鼻をつまんでいても出せる声です。手ぢかにある新聞や小説など、鼻をつまんで音読してみてください。鼻声になります。ただし出しにくいのは、通鼻音の「ナ行、マ行、ニャ行、ン」です。鼻濁音は口声では出せません。

今度は鼻をつままないで、口から声を出して、「アー」と発声してみます。声がこもらずに出るならば口声です。息を鼻に通すと、風邪を引いたように鼻が詰まった声になります。

(1) 口声から鼻声への切り換え

◉「アー……、ンー……」

口声と鼻声のちがいを知るために、口声から鼻声への切り替えを実験してみましょう。

①口もとを引いて、軽く口を開いて、「アー」という地声を長く伸ばして発声します。

②途中で、口を固定したまま閉じずに、のどの奥で一息、空気を飲みこむようにして「ンー」の音に変えます。

③すると舌の前先が少し持ち上がり、のどの奥が切り替えられて息が鼻へ送られます。

④それからゆっくり口を閉じていくと、ハミングの「ムーッ」という声に変わります。

⑤鼻声になったことを確認するには、声を出しながら鼻をつまんで鼻の穴をふさぎます。

息が止まって声が出なければ、口声から鼻声の切り替えができています。

(2) 鼻声から口声への切り換え

◉「ンー……、アー……」

今度は逆に、鼻声から口声にもって行きます。次の順序で発声してください。

①口をしっかり結んで口もとを横に引いてから「ンー……」と鼻声を出します。

②途中で口をタテに開いた瞬間、「アー」という鼻声に切り換えてずっと伸ばし続けます。

③それから、鼻をつまんでみます。そのときに鼻声に変わらないように、「アー」の声を調整します。鼻に響かない声ならば、口声です。

(3) 鼻声の母音の練習

◉「アイウエオ」

最後の仕上げとして、母音の鼻声発声を練習してみましょう。

①はじめに鼻をつまんで、口声で「アイウエオ」と言ってみましょう。切れのいい声になります。鼻に息を送ると鼻が詰まって響きのない声になります。

②それから、鼻をつままずに、すべての息を鼻に送るようにして「アイウエオ」と言ってみます。
③鼻声になっていれば、「アイウエオ」の音が「ハヒフヘホ」のように聞こえます。

＊

日本語の五十音のすべての音（おん）を鼻音として発声することもできます。発音でよく問題にされるガ行の鼻濁音も鼻声による発音です。

私たちは、日ごろ、口声と鼻声の入り混じった声で話しています。時と場合に応じて、この2つを切り換えて使うと、話しの目的に応じた効果的な表現ができます。どのくらいの割合で声を鼻に響かせるか、自由に調整できるように訓練しましょう。

コラム③

声の2つの分かれ道
——気管と食道・口腔と鼻腔

声が外へ出るまでに2つの分かれ道を通ります。口の奥にある分かれ道と、のどの奥にある分かれ道です。肺から出た息は気管を通りますが、そのあと、口から出るか、鼻から出るかによって声の質が変わります（47ページ図参照）。

第1は、のどの奥の「喉頭（こうとう）」の分かれ道です。そこでは、「食道」と「気管」とに分かれます。食道は呑み込んだ食物を胃に送る通り道です。

気管は吐く息と吸う息との息の通り道です。鼻と口から吸い込まれた息は気管を通じて肺に送られます。肺から出てきた息は気管の出口にある声帯を通過して声になります。

第2は、口の奥の「咽頭（いんとう）」にある分かれ道です。気管を出た息は口の奥で分かれて、口腔（こうこう）や鼻腔（びこう）から外に出ます。口腔から出る声は「口声」で、鼻腔から出る声は「鼻声」です。

ふつうに人が話している声は、口声と鼻声とがまじったものです。口声は口腔で共鳴する固めの浅い声です。鼻声は鼻腔で共鳴する柔らかい声です。

息が鼻腔を通過するときには、息が温められるとともに湿り気が加わります。それで、私たちは、鼻に響く声から、あたたかさとうるおいを感じるのかもしれません。

風邪で鼻が詰まったときには、鼻腔の響きがなくなります。それが、「鼻詰まりの声」です。近ごろ若い女性に多い「アニメ声」も無自覚な鼻音発声です。また、ガ行の鼻濁音も出しにくくなります。

08 お祭りのかけ声
――声の強弱を表現する

お祭りでは、お神輿をかつぐときにかけ声をかけながらリズムのある動きをします。これが発声の原点だと言えます。お神輿をかつぐときのかけ声は次の2通りです。

①ワッ、ショイ

②セー、ヤッ

①は、お神輿を持ち上げるときのかけ声です。腰を落としながら、「ワッ」と声をかけて、「ショイ」で持ち上げます。上下にはげしく揺り動かしてもむときには、「ワッショイ、ワッショイ」と繰り返します。②は、お神輿をかついで町を練り歩くときのかけ声です。「セー」で足を踏み出して、「ヤッ」で着地します。

かけ声のリズムは強弱のリズムです。強い声と弱い声との交替が発声の基本です。からだに力を入れると声が強く高くなり、力を抜くと声が弱く低くなります。お神輿のかけ声のまねをすることによって、からだの使い方と声の強弱のつけ方の基本が身につけられます。

お祭りのかけ声

track 4

この練習は発声のコツをつかむためのものですから特別な大きい声は不要です。立った姿勢でまねをします。お神輿をかついだ経験のない人は、バレーボールや卓球のサーブやレシーブの体勢を想像してください。上体がかがみこんで、腰に力が入ってかまえた姿勢です。その状態から沈み込みと伸び上がりを繰り返して声を出します。

(1)「ワッ、ショイ」の発声

◉「ワッ、ショイ、ワッ、ショイ」

①立った姿勢から声を出してみましょう。足のかまえは七三です。利き足を後ろにして、軸足を前に出します。軸足に30%の体重、利き足に70%の体重をかけます。

②上半身の力をゆるめて上体の重さが腰に乗った瞬間に「ワッ」と声を出します。その動きをバネにして、跳ね上がりながら「ショイ」と声を出します。

③「ワッ」「ショイ」と続けて声を出してみましょう。3回繰り返して、「ワッショイ、ワッショイ、ワッショイ」と発声します。

④腰を落としたときには、利き足に体重をかけます。軸足にはほとんど体重をかけません。利き足の母指球のふくらんだところにすべての体重を乗せます。床にあるものを片足で踏みつけるようなつもりで力を入れるのです。

(2)「セー」「ヤッ」の発声

●「セーヤッ、セーヤッ」

①今度は「ワッ、ショイ」とは逆に、伸びあがりから落とし込みで力を入れる発声です。

②「セー」の声とともに後ろ腰を立てて上体を押し上げます。それから、上体をゆるめて落とす瞬間に「ヤッ」と発声します。そのとき後ろ腰に力が入ります。

③「セーヤッ、セーヤッ、セーヤッ」と、お神輿をかついだつもりで繰り返します。軸足に移した体重を利き足にもどして、着地の瞬間に体重を受けとめます。「セーヤッ、セーヤッ、セーヤッ」と3回繰り返してください。

セー、ヤッ
ワッ、ショイ

からだの動きと声の力

発声のコツは上体の沈み込みです。肩や背中をゆるめます。腰のうえに上体が乗っかるかたちです。後ろ腰が上体の重さをしっかり受け止めています。「セー」の伸び上がりと「ヤッ」の沈み込み、「ワッ」の沈み込みと「ショイ」の伸び上がり、そのタイミングに合わせます。からだが沈み込んで声が強くなり、伸び上がって弱くなります。からだの重さを利用すれば楽に発声できます。

発声のエネルギーは、からだの重さを利用して、地球の重力エネルギーから生み出されます。自然の力に合わせて自分のからだを動かすのです。人間のからだも自然の一部です。自然の合理性を生かして自分のからだを使うことによって、自然で楽な声を出すことができるのです。

発声について悩みを持つ人の多くは、自然の合理性を知らずに無理をしています。ムダな労力を費やして、いい声が出なかったり、おかしな声になったりしています。自然な発声の方法を身につけるなら、自分自身のからだと心を一体化させられるし、自らの人格を磨くこともできます。発声とはなかなか奥の深いものなのです。

コラム④

からだの動きの「止め」と「跳ね」

書道の筆法にはいろいろあります。そのなかで「止め」と「跳ね」は、発声のからだの動きにも応用できます。発声の基本は上体の落とし込みです。上体を一瞬にしてゆるめることで、からだの重さをエネルギーにして簡単に横隔膜を引き下げられます。ムダな腹筋力など使う必要がありません。

じつは、からだの落し込みよりもむずかしいのが、上体の受けとめ方です。受け止め方がしっかりしていれば上体を安心してゆるめられます。上体をゆるめて落とすのと同時に後ろ腰の力で受けとめます。その力は腹筋よりも低い位置、腰骨の周辺になります。

こんな動作も試してください。口を引きしめてしっかり閉じてから、力を入れて息を吹こうとすると、口の中から後ろ腰の周囲まで風船のようにふくらみます。そのまま腰まわりの力を抜かずに呼吸を止めます。それが書道でいう「止め」の姿勢です。

それに対して、ふくらんだ直後に弾むように腰を立てるのが「跳ね」です。発声では声とともに息を吐ききります。それから後ろ腰を立てれば、その瞬間に息が入ります。わざわざ息を吸い込む必要はありません。これが、リズムに合わせて息つぎのできる発声法です。

書道の筆づかいでも、発声と同じようにからだを使った息づかいをしています。「止め」では、後ろ腰の沈み込みを保ちながら息を止めて、「跳ね」では、後ろ腰を立てて息つぎをしています。

09 声力と上体の沈み込み
——腹力12段階の目やす

強い声はからだ全体の動きから生まれます。「腹力（ふくりき）」と「声力（こえぢから）」との関係です。「腹力」とは、上体を沈めるときの腰まわりの力です。上体が深く沈むほど「声力」のある声になります。上体を落とし込みながらお尻で座面を踏みつけていくと、後ろ腰に力が入って上体を支えてくれます。その力が声の力になるのです。

「声力」と「腹力」の目やす

からだの動きでもっとも重要なのは上体の落とし込みです。声と心とからだとは一体のものです。声の訓練では、からだの動きが先行します。ことばをきっかけにからだを動かして声を出します。すると心が動くのです。心は声のあとからついてくるものです。心の強さも強い声から生まれます。

声力に応じた上体の沈み込みの深さを12段階に分けて示しました。62ページの図を参照ください。からだの動きと声力の関係がイメージできます。発声練習のときに、自分のからだの沈み込みがどの段階なのか意識する手がかりになります。

普通の人の声力は初級の段階です。発声の訓練の最初の目標は中級の6段目です。上級の目標は9段目以上、「ネコのど声」です。どらネコが太い声で「ウェーン」とうなるような声です。痰(たん)を払うときにのどを鳴らすような声です。日本人の苦手な声です。この声が出ると英語を英語らしく発音できるようになります。

声力と腹力の4段階

(1) 初級

両肩が上がって背すじが伸び上がってコチコチです。身も心も緊張して上がってしまった状態です。これでは声も上ずってしまいます。話しをすると声が震えてしまう人もいます。ソフトな軽い声を出そうとすると声が弱くなります。いわゆる「猫なで声」です。そんな声を出していると、声を出す筋力が弱くなってしまいます。最低でも3段目の声が出るように、上体を落とし込んだ姿勢をつくりましょう。心の緊張もとけてきます。

(2) 中級

最初の目標はこの段階です。6段目までの沈み込みができれば安定した声になります。アナウンサーやナレーターの声力の平均です。上体をゆるめればからだの重さによって沈み込むので声も強くなります。両肩をゆるめて腕のつけ根から力をぬいて両腕をぶらさげます。後ろ腰をしっかり立てれば、背骨は自然なS字形になります。あごを引いて顔は正面に向けます。両肩のこわばりがとれて、なで肩になります。

(3) 上級

最終目標は9段目の沈み込みです。口を結んで口元を横に引いて「ムー」と声を出しながら、イスの座面をお尻で踏みつけます。だんだん強くしていくと、「ムーッ」という息ばるような強い声に変わります。その声の変化が「腹力」の目印です。もし変化しないなら、後ろ腰の力が入っていないのです。

9段目まで落とし込んだとき、「ムーッ」という声は裏返って甲高くなります。そこで息を止めます。そのまま腰まわりの筋肉をゆるめずに腹力を保ちます。この力をゆるめずに声を絞り出すと、ネコの声のような粘りのある強い声になります。もっとも力があって、しかも感情が表現される声です。これが「ネコのど声」です。

（4）名人

この段階は名人の声です。「ネコのど声」になっています。これは声の専門家のレベルです。専門家でもこの声が出る人はなかなかいません。日本の伝統芸能では、浄瑠璃、能、狂言、歌舞伎などの声、歌ならば民謡の声、西洋音楽では声楽、とくにオペラの声などがこれにあたります。しかし、テレビショッピングの商品説明の語りで、この域に達した人もいます。みなさんのまわりの人で、ひと言で人の関心をひきつけるような人は、この声を出しているかもしれません。声の鍛えようで、だれもが到達可能です。

3段階の落とし込みによる発声

track 5

腹力の段階を区別するための発声練習です。強い声の目標は9段目です。ここまで「腹力」が身につけば自信を持った声が出せます。

地声の鼻声で「ムーッ、ムーッ、ムーッ」と3フレーズに区切って沈み込みの深さを変えます。

3段目、6段目、9段目と3段階のちがいを確認します。

●「ムーッ、ムーッ、ムーッ」

①口を閉じて口元を横に引き結んで、座面をお尻で踏みつけながら、「ムーッ」と声を出します。最後まで同じ音の響きで出し続けます。意図的に声を変えてはいけません。

②3段目まで沈んだと思ったら、そこでいったん沈み込みを停止して息を止め

段数	声力	解説
① ② ③	初級	**伸び上がった弱い声** ①②は上体が浮いて上ずった力のない声、最低でも③くらいの沈み込みがほしい
④ ⑤ ⑥	中級	**対話と座談の声** 近い距離の対話や会議などの声、⑥が沈み込みによる声力の平均点である
⑦ ⑧ ⑨	上級	**表現力のある声** 広く遠くまで聴こえる表現力のある声、目標は⑨の「ネコのど声」である
⑩ ⑪ ⑫	名人	**専門家の究極の声** 声の専門家による声、浄瑠璃・能・狂言などの伝統芸能や民謡・声楽・オペラなど

腹力と「沈み込み12段」

ます。ふくらんだ腰まわりの力をゆるめずに呼吸を止めて「ひとつ」と頭の中で数えます。

③次の6段目に向けてまた「ムーッ」の声を続けます。声が前より強くなってやや高くなります。6段目まで来たらまた呼吸を止めて、「ひとつ」と数えます。そして、最後の9段目をめざします。9段目が落とし込みの終着点です。

腹力３段階の落とし込み

日常生活でも、ときには沈み込みの状態を確かめましょう。「今は3段目まで沈んでいるな」とか、「6段目まで沈んで声を出そう」と意識できれば、背すじが伸び上がって緊張した状態から脱することができます。

声のジャンルの評価表

ジャンル	A声力	Bウラ声：地声		C鼻声：口声	
①浄瑠璃	5	5	5	5	5
②講　談	5	1	5	1	5
③落　語	4	3	3	3	3
④民　謡	5	5	3	4	1
⑤相撲の呼出し	4	4	2	4	1
⑥相撲の行司	5	0	5	1	5
⑦お　経	4	0	5	5	1
⑧アナウンサー	3	1	4	4	2
⑨ナレーター	3	1	5	2	4
⑩アニメ声	4	5	1	5	3
⑪風邪の声	2	5	1	1	5
⑫病　人	1	1	1	1	1
⑬あなたの声					

※声の評価の基準＝Aは5段階の評価、B・Cはバランスの対比

応用編

応用編の使い方

発声の訓練を独学で行うための課題を取りあげました。指導者がいなくても学べるように書かれています。大きな声を出す必要はありません。「強く安定した声」を出すことが目標です。普通の声で練習して発声の基本をつかんでください。そうすれば大きい声も楽に出るようになります。

見開き2ページごとに課題があります。見本が付録のCDに録音してあります。見本の声まねのあとには、続けて声まねをするための空白時間があります。録音しながら練習すると、あとで見本と自分の声とを聴きくらべることができます。

1　課題の各項目

はじめに課題の「概略」があります。次に、「やり方」が手順どおりに書かれています。「チェックポイント」は注意点です。最後に、「ここも見て!」で参考になるページを示しています。

声まねの課題はカタカナで表記されていますが、実際の声とはちがいます。解説にしたがってカタカナに頼らずに発声してください。発声のきっかけに子音を使うことがありますが、実際には、ほとんどの音が、カタカナ表記できないアイマイな声です。

2　姿勢について

声まねの姿勢は腰かけた姿勢を原則にしています。からだのかまえ方、上体の落とし込み方、後ろ腰の受け止め方、イスの座面へのお尻の踏み付け方が基本です。立った姿勢でも練習できます。その場合、上体のゆるめ方、重心の移動、足先での床の踏みつけが基本になります。姿勢とからだの使い方については基本編の解説を前提にしていますから、ときどき読み直して練習してください。

3　学び方

練習の進め方は自由です。お急ぎの方は、課題を選んでから見本の録音を聴いて練習をしてください。課題の順序でも、興味ある順序でもかまいません。最終的にはすべての課題をやりおえてください。発声法の基本をひととおり体験することができます。解説の専門的な用語は索引を利用して本文を読み直して学んでください。

01

イヌの声

上体の落とし込みのリズムづくり

track 6

ワン、ワン、ワン

イヌの声は口声の有声音です。地声でもウラ声でも出ます。地声ならば大きなイヌ、ウラ声ならば小さなイヌの声になります。

　口の中を丸くふくらませると低く響き、口先をとがらせるようにすると高く響きます。

　イヌの声は日本語では「ワン、ワン」と言いますが、英語では「バウ、ワウ」です。

　声まねでイメージする音（おん）は「オーッ、オーッ」か「ホーッ、ホーッ」に近い声です。ただし、最初の子音hや息の音（おと）は出さないようにします。

[やり方]

①口さきは、「オ」か「ホ」の発音をするつもりで、丸く太くとがらせたかたちにします。

②上体を瞬間的に落とし込んで、お尻で座面を踏みつけて「オーッ、オーッ、オーッ」と発声します。

③息つぎではタイミングよく後ろ腰を立てるだけで息は吸いません。口のかたちや容積をいろいろ変えてみます。

チェックポイント

- □ **上体の落とし込みの速度を早めにします。**
- □ **息に力がないとイヌの声になりません。**
- □ **地声で大きなイヌ、ウラ声で小さなイヌを表現します。**

ここも見て!

☝ 38 頁：息声の発声＝「プーッ」の息の吐き方
☝ 54 頁：お祭りのかけ声＝「セー、ヤッ」のからだの動き

02

カラスの声

遠くに響くウラ声をつくる

track 7

カー、カー、カー

カラスの声は口から出る声で、ウラ声の有声音です。イヌの声には地声とウラ声がありましたが、カラスはウラ声でないとカラスらしくなりません。

口がまえは「ア」のかたちに、しっかり固定して、ずっと開きっぱなしです。上体をリズムに合わせて落とし込みます。「ハーッ」というあたたかい息づかいです。

遠くのカラスに声を届かせるつもりになって、たっぷりと響かせます。眉を上げて目を大きく開けると明るく高い声が出やすくなります。

[やり方]

①口を「ア」のかたちに丸く開いて、そのまま口をしっかり固定します。舌も動かしません。

②ウラ声の「アー」か「ハー」というアイマイな声を出しながら、お尻で座面を踏みつけます。

③落とし込みのタイミングに合わせて、跳ねるようにリズムをとって声を出します。

チェックポイント

- □ **上体の落とし込みの速度は早めになります。**
- □ **後ろ腰を軽くすばやく立て直すと息が継がれます。**
- □ **開きっぱなしの口から必要な息が入ります。**

ここも見て!

39 頁：息声の発声＝「ハーッ」の息の使いかた

54 頁：お祭りのかけ声＝「セー、ヤッ」のからだの動き

歌手でもないのになぜウラ声が必要なんですか？

声には地声とウラ声の2種類があります。低い声では地声、高くなるとウラ声になります。じつは、だれでも自然に、地声とウラ声との両方を使っているのです。

歌の世界ではミックスボイスといって、地声とウラ声を連続させる発声法が試みられています。話しも、地声とウラ声との切り替えによって生き生きしてきます。

地声だけの話しは単調です。感情が豊かな話しをする人はウラ声を上手に使っています。だから話しの表現力をつけるために、ウラ声の上手な使いかたを練習するのです。

Q&A

日常生活の発声と歌の発声は何が違うんですか？

日常生活の発声はことばを話すための発声です。ことばに合わせて声を区切って出します。息つぎも小まめに少しずつ行われます。それに対して、歌の発声は曲に乗せてことばを歌うための発声です。母音を長く伸ばしたり、息つぎもたっぷり時間を取って行われます。

声の質にもちがいがあります。話しでは、ことばの意味がわかるように子音の発音が明確です。ことばのつながりがはっきりするように発声します。それに対して、歌では曲に乗せて母音を響かせますから、ことばのまとまりがアイマイになりがちです。

どれぐらいで効果を感じられますか？

どんな習いごとでも、効果が出るまでに一定の時間が必要です。いろいろな条件がありますし、トレーニングのやり方によっても、人によってもちがいます。

私がこれまで指導した経験から言うと、15分のトレーニングを月に2回受けた人は、3か月ぐらいで上達が見られました。合計90分です。独学では2倍の時間がかかるとして180分です。一日に5分ならば30日で150分、およそ一か月くらいで効果が見られると思います。

まずは一か月続けてみてください。あとは、あなたの努力しだいです。

大きな声を出せない環境ではどうすればいいですか？

どの声まね課題も、大きな声を出さずに訓練できるものです。ひそひその小声でもやれます。発声の基本原理をつかむことが第1の目的です。普通の声でやる方が、発声の仕方がよくわかります。カゼをひいて声が出ないときに、声を調整して人に話しかけるようなものです。

それぞれの発声の方法がつかめれば、声を大きくすることは簡単です。あとからいくらでも訓練できます。むしろ、大きくて通る声の発声の方がやさしいのです。トレーニングの中心課題は何よりも「力のある声」です。

03

ネコの声

「ネコのど声」の基本をつくる

track 8

ニャー、ニャー

ネコの声まねは最も重要な発声です。最終的に沈み込み9段目以上の「ネコのど声」が出るようになるまで練習しましょう。

　ネコの姿勢をまねて発声します。ウラ声から地声まで、弱い声から強い声まで、いろいろなネコの声があります。

　声のきっかけは通鼻音の「ニャ」の口がまえです。最初は鼻声で、最後は口声で響かせます。また、のどの奥の母音で「イエアオウ」となめらかにつなげていって、「ニャオウ」というネコらしい鳴き声にするやり方もあります。

[やり方]

①両手の指先をネコの手のように曲げます。イスの前に置いたテーブルにネコのように身がまえて両手をつきます。

②上体を落とし込むのに合わせて、お尻で座面を踏みつけながら「ウェー」という鼻声を出します。

③９段目まで沈み込んだ瞬間、口を開いて「ウェーン」と後ろ腰の力を保ちながらゆっくり声を出します。

チェックポイント

- □ **ネコの声の息はあたたかい「ハーッ」です。**
- □ **最初は鼻声で最後には口声に変わります。**
- □ **上体の沈み込みは９段目以上を目指します。**

ここも見て!

24頁：発声のための姿勢＝腰かけた姿勢

39頁：息声の発声＝「ハーッ」の息の使いかた

04

ヒツジの声

低い鼻声で声をふるわせる

メー、メー

ヒツジの声は地声の鼻声です。ネコの声は高いウラ声でしたが、ヒツジの声は低く太い地声です。

ネコの声を低くして「メー」に近づけます。さらに低く、口全体で響かせると、「べー」というウシの声になります。

きっかけの「メ」は鼻に響かせて通す音です。子音のmを出すのではありません。口元を引いてmの構えをしながら、最初からのどの奥で「ン」を発音します。終わりで少し声をふるわせます。

[やり方]

①口もとを両脇に引いた「メ」の口のかたちを確かめます。そのままのどの奥で「ウ」を発声するつもりで息を止めます。

②上体をゆるめて「メー」と声を出しながら、お尻で座面を踏みつけていきます。

③最後に、唇を開いて「ウェー」という声に転換して少しふるわせます。

チェックポイント

- □ **沈み込んだところから低めの地声の鼻声を出します。**
- □ **最初だけ鼻声で最後には口声に変わります。**
- □ **終わりで声をふるわせるとヒツジらしい声になります。**

ここも見て!

39 頁：息声の発声＝「ハーッ」の息の使いかた

46 頁：口声と鼻声の発声＝鼻声の出し方

鼻声の意義は何ですか?

声は鼻と口の両方から出るものです。口を閉じて鼻から出る声が鼻声で、鼻腔(びこう)の響きが加わります。ハミングが鼻声の代表です。ガ行の鼻濁音も鼻声の一種です。声を口だけから出すのでなく、鼻からも出すと声が柔らかくなります。

鼻から出す割合を増やすと、声はより柔らかくなります。鼻音は甘えるような感情を表現します。鼻声が癖になってしまうと、いわゆるアニメ声になります。また、あらゆる音を鼻声にしてしまうと、まるで落語の与太郎のように間抜けた感じになります。

腰を沈めることに意識が行ってしまいます。

腰を沈めることよりも、お尻でイスの座面を踏み付けることを意識してください。腰を沈めるというよりも、腰の力がお尻を座面に押しつけるのです。そこで呼吸を止めると腰まわりがふくらみます。その状態から声を出します。

また、発声とは声を出すことだと思うと、つい声帯のあるのどのあたりを意識しがちです。のどは息の通過点にすぎません。声を出そうと意識するのではなく、自分の発する声をよく聴くことです。声まねができていくと、自然にからだの使い方もよくなるものです。

コラム⑤

夏目漱石のネコの鳴き声

夏目漱石の有名な小説『吾輩は猫である』には、あちこちでネコの鳴き声が描写されています。「にゃー」と平仮名で同じように書かれていますが、場面ごとにネコの感情がとても上手に表現されています。

とくにおもしろいのが、ネコが鳴き方を工夫する場面です。そこでは、「にゃあにゃあ」「にゃごにゃご」「にゃごおうにゃごおう」と3通りの鳴き方をしています。声まねの感情表現に最適なので紹介しましょう。

ぜひ、声まねをしながら読んでみてください。

○エサをねだるために甘えて訴える声

「いくら居候の身分だってひもじいに変りはない。と考え定めた吾輩はにゃあにゃあと甘えるごとく、訴うるがごとく、あるいはまた怨ずるがごとく泣いて見た。」

○エサをもらえない悲しみをあらわす声

「今度はにゃごにゃごとやって見た。その泣き声は吾ながら悲壮の音を帯びて天涯の遊子をして断腸の思あらしむるに足ると信ずる。」

○注意を引くための複雑で微妙な声

「にゃごおうにゃごおうと三度目には、注意を喚起するためにことさらに複雑なる泣き方をして見た。自分ではベトヴェンのシンフォニーにも劣らざる美妙の音と確信しているのだが御三には何等の影響も生じないようだ。」

05

お経の声

鼻に響く落ち着いた声を味わう

お経は地声です。ウラ声はありません。ことばの始まりの音は口声にして、伸ばした母音が鼻声になります。鼻でたっぷり響かせます。また、ところどころで地声で口声と鼻声が交替します。

お経の発声はアイマイな地声の音を使います。基本練習の「ムー」のハミングの発声で低めの声です。自分に向かって語り聞かせる声です。人には無愛想に聞こえる声です。

この練習は正座の姿勢でやるのもおもしろいですよ。

[やり方]

①上体は落としっぱなしで、できるだけ長くつづけて発声します。

②出だしの音(おん)では口を少し開いた口声にして、伸ばした音では口を結んで鼻声にします。

③息が切れたら後ろ腰を立てて浮かすと、必要なだけの息がするりと入ってきます。

チェックポイント

- □ 「ナーナーナー」というアイマイな鼻声の発声です。
- □ 声のトーンは自分に聴かせる低めの声です。
- □ 上体の沈み込みは6段目よりもやや深くします。

ここも見て!

39頁：息声の発声＝「ハーッ」のあたたかい息づかい。

48頁：口声と鼻声の発声＝口声と鼻声の切り換え

06

太鼓の音

腹に響く太い声を出す

ドン、ドコ、ドン

声まねをするときに「ドン、ドコ、ドン」では「ド」の音が軽すぎます。子どもの太鼓みたいです。もっと大きな和太鼓の重みのある音をイメージしましょう。そして、腹まで響くような太い声で表現してみましょう。

「ダン、ダカ、ダン」という音で太鼓の響きをイメージして表現してみます。この音は、低い地声の口声です。できる限り低い声で鼻腔まで響かせます。からだ全体を弾ませるようにしてリズムよく発声するのがコツです。

[やり方]

①口もとを横に引いて口を薄く開き、のどの奥で発声します。「ダ」は口の中で舌をはじく破裂音です。

②「ダン」でお尻で座面を踏みつけ、「ダカ」ですばやく後ろ腰を立てて息をつぎ、もう一度「ダン」です。

③上体の沈み込みは6段目以上です。落とし込みとはずみが速ければ速いほど力強い声になります。

チェックポイント

- □ 「ダン、ダカ、ダン」は三拍子のリズムです。
- □ 口声ですが鼻まで共鳴させると響きが広がります。
- □ 口もとはしっかり固定して声の揺れをなくします。

ここも見て!

38頁：息声の発声＝「プーッ」の強い息づかい。

53頁：お祭りのかけ声＝「ワッ、ショイ」のリズム

なぜ（発声するべき声を）イメージする必要があるのですか？

何かを表現をするためには、あらかじめ「こんなふうに表現しよう」というイメージが必要です。声のイメージは、発声で目指すべき目標です。声まねも一種の表現です。声まねのイメージ作りは、見本の声をよく聴くことです。

トレーニングの課題はそれぞれ、私たちが聴いたことのある動物の声や物の音です。それを直接まねるときには、自分でイメージを作らなければなりません。しかし、この本には、人がまねた見本の声がありますから、まねをするのがやさしいのです。

Q&A

練習に適した服装はありますか？

からだ全体を動かしますから、できるだけ動きやすい服装がよいでしょう。でも、わざわざ運動着に着替えるまでもなく普段着で十分です。

じつは、男女を問わず、おすすめしたいことがあります。ベルトの着用です。上体をゆるめて落とし込むと腰の周囲が膨らみます。その感覚をつかむのがなかなかむずかしいのです。しかし、ベルトを締めていると、腰まわりが抵抗を受けるので、ふくらんだ感覚がよくわかります。お尻で座面を踏みつけながら、お腹の力でベルトを引きちぎるつもりで力を入れるのがコツです。

コラム⑥

自分に聞かせる声は自問自答の声

お経を読むと心が落ち着くのはなぜでしょうか。それは自分自身と対話のできる声が出ているからです。

お経の声は低めの地声です。人に聞かせようとする声ではありません。その声の方向は自分自身に向いています。

声を人に聴かせようとすると、声のトーンが上がります。そして、意識が声とともに前方に向けられるので、自分の気持ちが落ち着かなくなります。いい意味で取るならば場を盛り上げる声です。いわゆる、コミュニケーションの声はそういうものです。

しかし、そういう声ばかりでは困ります。自分が自分と向き合うための声のトーンも必要です。なぜなら、人は自分に向けたことばのトーンでものごとを考えるからです。何か考えるときの声のトーンはずいぶん低いのです。

お経の声のトーンは自分に言い聞かせる声です。それは、ものごとについて考えるときの声です。もしも自問自答するときの声をおもてに出せばお経の声の響きになります。それは自分の声を自分で確かめる声なのです。

というわけで、お経をあげることは、自らの内面と対話するという自己訓練の修行になるのです。

声まねをするときにも、実際に目を閉じてお経を唱えるつもりになってみてください。自分の内面と対話ができるので、心を落ち着かせて集中力をつける修行にもなるのです。

07

エンジンの音

声を段階的に強めていく

ブーン、ブーン、ブーン

低い地声による鼻声です。口を閉じたままでハミングの声に力を入れて発声します。上体の落とし込みの変化に合わせて「ウー、ムー、ブー」で、3段目、6段目、9段目の声の変化をつけます。しだいに強くなる3拍子のリズムでエンジン音らしく聞こえます。

声の響きの共鳴位置をイメージしてください。「ウー」は両目と鼻のあたり、「ムー」は口のあたり、「ブー」はのどのあたりで響きます。うなりがつくとリアルな表現になります。

[やり方]

①口を閉じて上体の落とし込みに勢いをつけて、お尻で座面を踏みつけながら発声します。

②声の強さは3段階に、「ウー（弱)、ムー（中)、ブー（強)」と変化させます。

③テンポとリズムを工夫することによって、エンジンの音の力強さが表現できます。

チェックポイント

- □ 口もとを引いて前歯を噛み合わせて声に力を入れます。
- □ のどの奥で「ウー、ムー、ブー」と発音するつもりです。
- □ のどのうなりがつくとエンジン音らしくなります。

ここも見て!

42 頁：地声の発声＝「ウー、ムー、ブー」の3段階

08

ヘリコプターの音

唇ではじくとともに舌を動かす

プルプル、プルプル

ヘリコプターの音はプロペラが回転する音です。中くらいの地声の口声です。口を結んで後ろ腰を立ててから、唇を弾いて「プ」の発声とともに上体を落とし込みます。口が開いた途端に舌の動きで「ル」を出します。

「プ」は破裂音です。口のかまえはしますが音はハッキリしません。「パラパラ」のように聴こえます。声帯が十分に震えると、いかにもプロペラの音のように聞こえます。両頬を引きしめて、後ろ腰の力をゆるめずに沈み込みの状態を保ちます。

[やり方]

①唇を合わせて両頬を引きしめると同時にイスの座面をお尻で踏みこみ、息を止めてかまえます。

②唇をすばやくはじいて「プ」の音のあとに「ル」の舌の動きをつけて「プルプル」と発音します。

③リズムをつけて機械のように繰り返すと、ヘリコプターのイメージが表現できます。

チェックポイント

- □ **口もとと両頬を固めて口のかたちを維持します。**
- □ **上体は上下せずに後ろ腰は沈み込みのままです。**
- □ **鼻の共鳴も生かすと声がよく響くようになります。**

ここも見て!

31頁：発声の基本要素＝舌のはたらき

Q&A

音まねに意味があるんでしょうか？

物音には感情がありません。しかし、声には必ず感情が入ります。とくに言葉を声にするときには、その場の感情に影響されます。ところが、物音ならば無感情ですから、感情を抜きにまねることができます。つまり、わざわざ感情を抜かなくとも、無心になって発声練習ができるのです。

そもそも訓練とは、ある面を取り立てて行うことで全体の能力を高めるものです。そのためには意識を集中する必要があります。単純な機械のような音まねならば無意識になれるので、自分の心も解放されるのです。

息つぎはどうすればいいですか？

息つぎはからだの動きによって自然にできます。発声では、「息」を吐くのではなく「声」を吐くのです。声とともに息が吐ければ、あとはほんの少し腰回りの力をゆるめるだけですっと息が入ってきます。わざわざ吸い込む必要はありません。

体操で深呼吸するときのように息を吸い込んではいけません。息を吸いたくなるのは声とともに息が吐き切れていないからです。鼻で吸うとか口で吸うとかは問題ではありません。まるで絞ったスポンジをゆるめるように、からだ全体が空気を吸収するのです。

上体を落とすとネコ背に見えませんか？

背すじを伸ばしたのが正しい姿勢だと言われています。しかし、多くの人が伸び上がりすぎています。「ネコ背はよくない」と思うからでしょう。

背中が丸まっている人は、からだ全体に力がない人です。それで背中が前に倒れると無理な力を入れるのでネコ背になります。しかし、重力にしたがって上体を落とすと、後ろ腰が上体を支えてくれます。背中の力が抜けて自然なS字のかたちになります。それが本来の自然な姿勢です。この姿勢が、ものを考えたり話しをするのに適しているのです。

風邪のときも練習できますか？

風邪を引いたときは発声法を学ぶいいチャンスです。発声を工夫しないと声が出ないからです。とくに有声音が出にくくなります。そのときには、無声音の発声練習をしましょう。たとえば、カラスの声や蚊の音などです。

また、鼻が詰まってしまうと鼻声になります。そのときには口声の声まねをしましょう。声まねのほとんどが、通鼻音を使いません。できないのはネコの声くらいです。それでも、風邪をひいたネコの声のまねだと思ってやっていると楽しめます。その発声の工夫がいい勉強になります。

09

プロペラ飛行機の音

ゆったりと重い響きの声をつくる

ブルブル、ブルブル

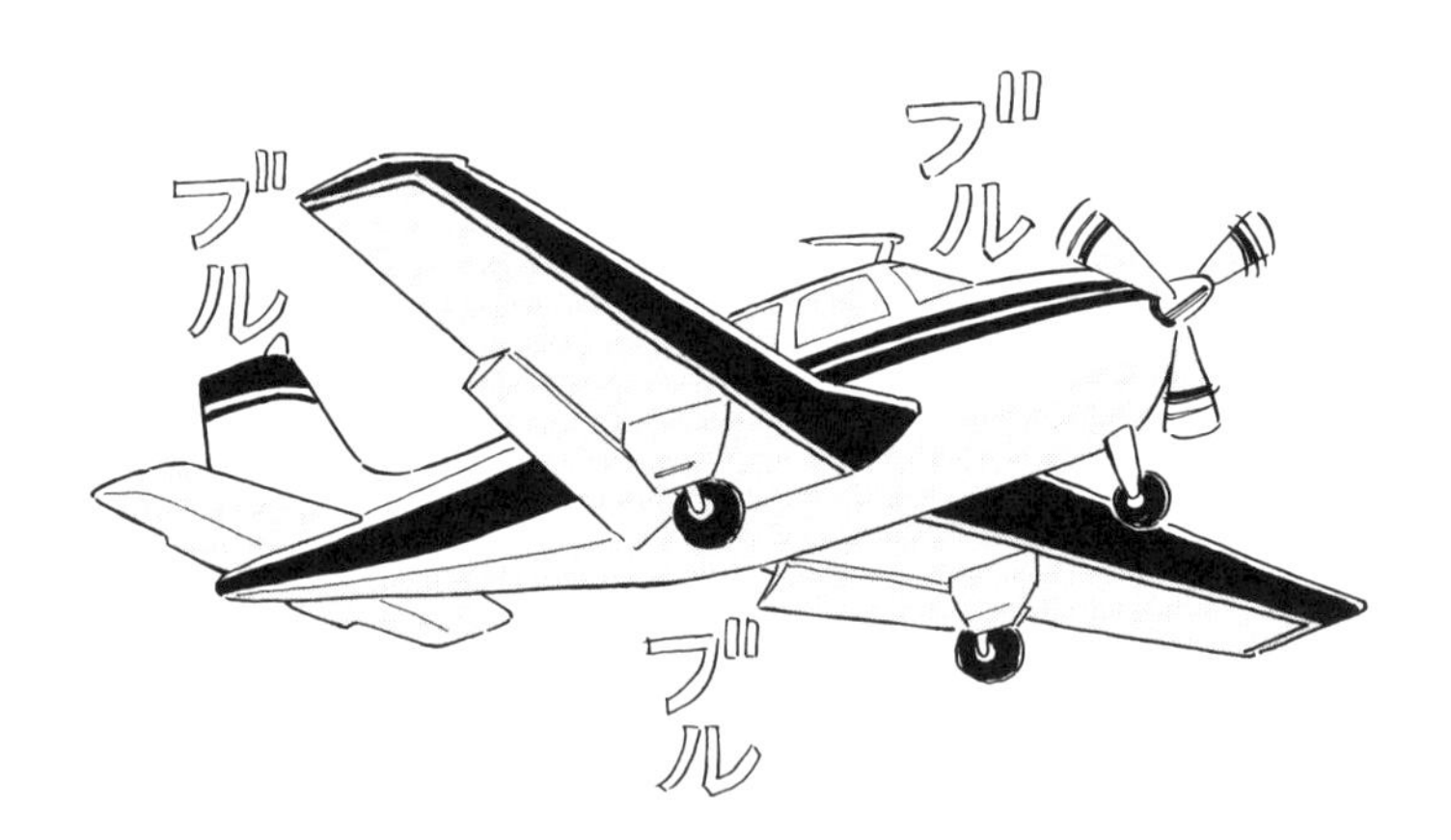

プロペラ飛行機の音は、低い地声の口声です。まず口を結んで息を止めてから、唇を弾いて「ブ」と発声すると同時に舌の動きで「ル」を加えて「ブルブル」と発声します。口もとを横に引いたまま口を薄く開けて後ろ腰の沈み込みの力を保ちます。

破裂音の「ブ」は発音のきっかけです。口のかまえはしますが、あとに舌の動きが加わるのでアイマイな音になります。低めの声で声帯の震えを加えて、舌の動きをゆったりさせると重い響きになっていきます。

[やり方]

①上体を落としつつ後ろ腰に力を入れて息を止め、唇をゆっくり弾いて「ブ」の音を出します。

②「ブ」のすぐあとに舌の動きを加えて、「ブルブル、ブルブル」という連続した音にします。

③ゆったりしたリズムで繰り返していくと、重く安定したプロペラの音が表現できます。

チェックポイント

- □ **後ろ腰の沈み込みをゆるめずに保ち続けます。**
- □ **口もと全体を横に引いて薄く口を開けます。**
- □ **のどの奥から出る低めの声を響かせます。**

ここも見て!

31 頁：発声の基本要素＝舌のはたらき

42 頁：地声とウラ声の発声＝地声、ハミングの発声

10

救急車のサイレン

ウラ声で高低の変化をつける

track 15

ピーポー、ピーポー

救急車のサイレンはウラ声の口声です。低いウラ声と高いウラ声を交替させて表現します。

「ピー」は、「プッ」と息を飛ばすように唇を勢いよくはじいて発声します。

「ポー」では唇をとがらせて口笛を吹くようなかたちで、軽く息をはき出します。「ピー」よりも高いウラ声になります。

「ポ」の口はタテの開きで口先を丸くします。横とタテの交替で口もとにリズムが生まれ、それに合わせて、からだにも沈み込みと伸びのリズムが生まれます。

[やり方]

①口笛を吹く口つきで唇をはじいて「ピー」と発声しながら、お尻でイスの座面を踏みつけます。

②上体が沈みきったら跳ねかえるように後ろ腰を立てて息をつぎ、また、口を丸くして「ポー」と発声します。

③あとは、上体の落とし込みと伸び上がりを交替させて、「ピーポー」を繰り返します。

チェックポイント

- □ **「ピー」も「ポー」もウラ声で発声します。**
- □ **「ピー」と「ポー」の声の高低差を調整します。**
- □ **唇のはじきをきっかけにして、からだでリズムをとります。**

ここも見て!

30 頁：発声の基本要素＝のどの使い方

43 頁：地声とウラ声の発声＝ウラ声の出し方

Q&A

よい声とはどんな声ですか？

「よい声」と「わるい声」とは、単純に分けられません。聴き手の好みの問題があります。理想の声は話し手の心が表現された声です。発声にムリがなく、自然で合理的な声であれば、聴き手の耳に心地よくひびくので、心をのびのびとさせてくれます。

ただし、その場にふさわしく、話しの目的に応じた声でなければいけません。現代社会では、お体裁ばかりの軽く、柔らかく、やさしい、甘やかしの猫なで声が多すぎます。人と真剣に向き合うときには、重く厳しく力強い声も必要になります。

声が通らないのはなぜですか？

発声というと「大きい声」や「通る声」を目指すようです。しかし、大きい声なら通るというわけではありません。声は空間を通り抜けるのではなく、その場の空気を動かすのです。それが「声力」です。声の量と声の速度が声のエネルギーです。

声が通らないのなら、息の吐き方から訓練しましょう。「(5)息声の出し方」の「プーッ、シーッ、ハーッ」にもどりましょう。ゆるめた上体を円い筒であるとイメージして、ゆるめた上体を勢いよく落し込むと、息の速度が速くなって声の力が増します。

滑舌が悪いと言われるのですが対策はありますか？

滑舌の問題は単に舌の動きだけではありません。からだ全体の動きと関係しています。

第1に、口もとの引き締めです。口がゆるんでいると舌の動きも鈍くなります。口のかまえがしっかりすると舌も自由に動きます。舌の体操として「レロレロ（ロレロレ）」「トゥクトゥク（クトゥクトゥ）」を繰り返す練習があります（渡辺知明著『朗読の教科書』参照）。

第2に、ことばを2音ないし3音ごとにまとめて発音することです。「おあ／やや／おやに／おあや／まり」と区切ると口がよく回ります。

声を使い分ける必要はありますか？

本来、声は表現であって、技術的に使い分けるものではありません。声は結果なのです。声はその人の心と一体のものです。しかし、声を鍛えなければ声と心が一体化しません。「気持ちはあるけど声にならない」とか「声に心があらわれない」と言われる人もいます。

そこで、声の訓練をすることによって心を鍛える道を取ります。発声を心の訓練につなげるのです。いろいろな声まねの訓練は、自分の心のさまざまな面を引き出すための訓練です。そうすると、いつか心と一体になった声が出せるようになります。

11
蚊が飛んでいる音
最高音のウラ声に挑戦する

キーン、キーン

眠っているときに耳元をかすめる蚊の音は不気味なものです。あの甲高い音にはイライラさせられます。人間には出せそうもない音ですが、まねてみましょう。

蚊が飛ぶ音にはウラ声の最高音を使います。鼻に響かない口声なので機械的です。「キーン」と書きましたが、実際は「アーン」に近い音です。

カラスのウラ声を応用します。口を大きく開けて、出る限り高いウラ声を出すようにします。力の入り方も最高なので沈み込みは9段目以上になります。

[やり方]

①口もとを引きしめて、軽く開いた「ア」のかたちにして、口の全体をしっかり固定します。

②上体をゆるめつつお尻でイスの座面をゆっくり踏み込みながら「アーン」と声を長く伸ばします。

③どんどん声を高くします。からだを上下左右に振りつつ口のかたちを変えると蚊の動きまで表現できます。

チェックポイント

- □ 9段目以上の沈み込みの深さで高音が出ます。
- □ 眉を上げて目を大きく開くと声が高くなります。
- □ 息が切れたら後ろ腰を立て直すと息が入ります。

ここも見て!

☝ 49頁：口声と鼻声の発声＝鼻声から口声への切り換え

☝ 70頁：カラスの声＝ウラ声の出し方

12

ネコの感情表現

声だけで気持を表現する

ニャオー（喜び）、ニャオー（怒り）、ニャオー（悲しみ）

声には感情があります。ことばはなくても、声だけで感情が表現できます。日常生活では、ことばのやりとりにおいて声の感情表現は欠かすことができません。ネコの声まねで3とおりの感情表現を練習しましょう。

感情を作ってから発声するのではなく、発声によって感情を生み出すのです。発声する前に顔の表情を作っておきましょう。「喜び」は目を開いた笑顔、「怒り」は相手をにらみつける目つき、「悲しみ」は目尻を下げたくしゃくしゃの顔です。

[やり方]

①ネコの手のように両手の指を深く曲げて、その両手をイスの前に置いたテーブルに乗せます。

②それぞれの感情の顔つきを作って、ネコのように背中を丸めつつ上体を落とし込んで発声します。

③ネコの声は鼻声です。「イヤオー」というアイマイな鼻声です。高いとウラ声、低いと地声です。

チェックポイント

- □ **感情表現の手がかりは顔つきと目つきです。**
- □ **「イエアオウ」となめらかに連続する発音です。**
- □ **感情表現には9段目以上の沈み込みが不可欠です。**

ここも見て!

☝48頁：口声と鼻声の発声＝ネコの鼻声、切り換え

☝74頁：ネコの声＝ネコの姿勢と発声

話しをする直前にできる練習はありますか？

話しをする前は、だれでも緊張するものです。自分の声に意識を集中して発声すると、心が落ち着きます。もっとも簡単なのは、地声からウラ声への切り換え練習です。「ウーアー」の発声でこわばりが取れます。二、三回、くりかえしてみてください。

仕事で話しをするなら地声の低い声――イヌの声、ヒツジの声、お経の声、太鼓の音などです。友だちとはしゃいで楽しむための話ならばウラ声の高い声――カラスの声、ネコの声、さらに、救急車のサイレンや蚊の音など練習しておくと最高に盛り上がります。

練習ペースはどうしたらいいですか？

毎日、少しずつやるのがいいでしょう。目安は一日一課題、5分から10分です。1つの課題ができるようになるまで、何度か繰り返しましょう。次つぎに課題を変えて行ってはいけません。1つの課題にじっくり取り組むとおもしろくなってきます。おもしろさを感じられるようになったら、力のついた証拠です。しかし、いくらおもしろいからといって、やりすぎてはいけません。集中力を失うからです。「もう少しやりたい」というところでやめましょう。あせらずに、のんびりつづけるのが上達の道です。

Q&A

コラム⑦
声は感情とつながるもの

あいさつをしたり話しをしたりするとき、「その気になって声を出せ」とか、「気持ちを声に出せ」などと注意されることがありませんか。それはなかなかできないことです。

どうやったら気持ちを作ることができるのでしょうか。どうしたら気持ちと声とがつながるのでしょうか。

「こんなふうにしよう。こんな言い方をしよう」という準備はできます。ところが、いざ声を出してみるとうまく行きません。しかも、その気持ちが声に出ていたのかどうだか、自分でも確かめられません。

じつは、気持ちは声と同時に出るものなのです。ある心理学では、「悲しいから泣くのではなく、泣くから悲しくなるのだ。」という言い方をします。

あなたは、なぜだかわからずいらいらしたときに、「バカヤロー」などと声を発したことがありませんか。そのとたんに自分の感情がはっきりするものです。そして、その感情が助けになって、話しもしやすくなってきます。それは「腹が据わった」からです。

つまり、声と感情とは一体のものなのです。声を出すと、自分の感情を自覚すると同時に、自分の感情が生み出されるのです。

気持ちのある声こそ相手に伝わる声です。相手にことばが伝わらないのは、話し手の声が感情を生み出していないからです。あなたの声に心はありますか。

13

あいさつの発声

声の力を生活に生かそう！

こんにちは ありがとう さようなら

力のある声であいさつをすると、元気が出てきて、からだも健康になります。そして、相手もその声に同調して、気持ちよく元気になれます。

日本語のことばは、どこをとっても2音ないし3音区切りのリズムです。また、ことばの係り受けの響きは、強弱による「くさび形」のまとまりです。

からだが深く沈み込むきっかけの音に力が入ります。「こんにちは」の「ん」、「ありがとう」の「り」、「さようなら」の「よ」の音です。

[やり方]

①実際にあいさつをする相手がそこにいるつもりで、からだの動きをつけて発声します。

②上体の落とし込みに勢いをつけて跳ねあがると、重力の反作用で力強い声が出せます。

③それぞれのことばは2音ないし3音で区切ります。「こん／にちは」「ありが／とう」「さよう／なら」

チェックポイント

- □ **「ワッ（沈み）→ショイ（伸び）」のリズムです。**
- □ **アクセントは2音節目、後半で跳ね上がります。**
- □ **思いを自分で受けとめてから相手にことばを渡します。**

ここも見て!

38頁：息声の発声＝あたたかい声、「ハーッ」の発声

53頁：お祭りのかけ声＝沈みと伸ばし、「ワッ、ショイ」

あとがき

コトバは人間にとって大切なものです。現代社会には文字のコトバによる情報があふれています。しかし、コトバの本質は人と人とが向き合って交わす声のことばにあります。声によってこそコトバが生きるのです。声は人を表現します。だから、多くのことばを費やさなくても、ほんのひと声によって人びとは心を通い合わせることができるのです。

声まねをすることには独特の快感があります。原始に帰るとか野生に帰るとかいうような解放感です。人類が過去において耳にしてきた歴史上のさまざまな音を体験しているのかもしれません。自然の音も動物の声もいわば人間の仲間です。声まねによって、人類の歴史をさかのぼり、人間の声の原点に立ち戻ることができるのだと思います。

人間の声というのは感情の表現です。「喜怒哀楽」といった感情は、人間にとってはストレスです。いわば異常事態です。安らかに呼吸して生きていたのに外界の刺激によって息が止められたのです。その状態から脱するために、息を吐くのではなく、声を出しました。呼吸を停止して、息を保ちながら、声としての密度ある息を絞り出すように発しました。それが感情の表現なのです。

私たちは現代社会に生きています。さまざまな圧迫を受けて、自由に声が出しにくくなっています。若い人たちが、息が浅いとか、元気が出ないとか、声が出しにくいというのは、現実の世界の圧迫によるものです。その結果、世間には不自然で無理な声が蔓延（まんえん）しています。今こそ自らの声を取り戻すことを目ざしましょう。それは、自分にとっても社会にとっても大きな貢献になります。

発声を学ぶことは、自分を取りもどすための出発点です。お体裁のことばを伝えるための声ではありません。自らの心とからだと結びついた声を出して、自らを認識し、自らの心を取りもどすのです。私たち一人ひとりが自分の心と結びついた真実の声を発するようになれば、世の中はもっと豊かになり、人びとはもっと自由に生きられることでしょう。

この本は、拙著『朗読の教科書』「第2章姿勢・発声・発音」の内容をさらに発展させたものです。執筆を通じて改めて発声に関して書かれた本を30冊以上読みました。大ぜいの人たちが声の重要性を考えて、さまざまな研究と実践を重ねていることが分かりました。私はその中から、とくに重要だと思う二つのことを発見しました。

第一は、「腹力（ふくりき）」という考え方です。これは歌舞伎研究家の武智鉄二によるものです。「腹力は、表現の深まる段階に応じて、横隔膜を何段にも引き下げて用いられる。筆者自身の体験から言うと、だいたい十二段か十三段ぐらいまで下げることができる。この下げ方が多く、かつ強いほど腹が強い（浮く力とも呼ばれる）といわれ、いわゆる名人の域に達しうるのである。この行為は、また記憶力中枢に影響して、潜在意識を顕在化する作用をもたらす。日本人が勘が強いとか直感力があるとか言われるのも、このような伝統の反映なのである。」

この発声法は日本の伝統芸能の方法ですが、人類共通の発声法だと言えるものです。

第二に、声のエネルギーの根本を、野口三千三の運動エネルギーの考えから学びました。「その仕事のエネルギーは、からだ全体から出た力がいったん地球に伝わり、その反作用として返ってくるエネルギーが、ふたたび体に伝わり末端に達したものである。」

声のもとは地球の重力です。自らのからだの重さが声のエネルギーに転換するのです。

最後に、編集者の山田竜也さんに心から感謝いたします。私のわがままな執筆過程におつきあいくださって的確な助言をしてくださいました。また、むずかしく見えそうな本に心あたたかいイラストを描いてくださった「きゅっきゅぽん」さんにもお礼を申し上げます。そして、この本の制作に関わったすべてのみなさま、ありがとうございました。

２０１７年４月２日

渡辺　知明

参考にした文献（ほぼ出版順）

・『こえとことばの科学』林義雄著　鳳鳴堂書店　1957年
・『原初生命体としての人間』野口三千三著　三笠書房　1972年／岩波書店　1996年
・『発音発語指導』坂田午二郎著　日本特殊教育協会　1973年
・『久保栄演技論講義』久保栄著　三一書房　1976年
・『野口体操　からだに貞く』野口三千三著　柏樹社　1977年／春秋社　2002年
・『いき・こえ・ことばのイメージ――日本語のための呼吸・発声・発音法』石塚雄康著　星雲書房　1985年
・『歌舞伎はどんな演劇か』武智鉄二著　筑摩書房　1986年
・『整体。共鳴から始まる』片山洋次郎著　日本エディタースクール　1994年／筑摩書房　2007年
・『表現よみとは何か―朗読で楽しむ文学の世界』渡辺知明著　明治図書　1995年
・『声の呼吸法　美しい響きをつくる』米山文明著　平凡社　2002年
・『美しい声で日本語を話す』米山文明著　平凡社　2007年
・『朗読の教科書』渡辺知明著　パンローリング社　2012年
・『物まねボイストレーニング』羽島亨著　主婦の友インフォス情報社　2014年
・『今日からできる声帯トレーニング』角田晃一著　メディカルトリビューン　2015年
・『声は1分でよくなる！』福島英著　秀和システム　2016年

索引

あ行

か行

さ行

た行

な行

は行

ま行

や行

ら行

わ行